Inhalt

Nachhaltigkeit und Controlling - Unternehmen entdecken den Nutzen nachhaltiger Unternehmenspolititk und integrieren sie ins Controlling

Kernthesen

Beitrag

Fallbeispiele

Weiterführende Literatur

Impressum

Nachhaltigkeit und Controlling - Unternehmen entdecken den Nutzen nachhaltiger Unternehmenspolititk und integrieren sie ins Controlling

M.Westphal

Kernthesen

- Viele Unternehmen sind sich ihrer sozialen Verantwortung bewusst und integrieren sie

ins Controlling.
- Auch Investmentfonds spezialisieren sich auf nachhaltige Unternehmen aufgrund deren außerordentlicher Performance.
- Die gewissenhafte Planung nachhaltiger, zum Unternehmen passender Maßnahmen ist von großer Bedeutung.

Beitrag

Immer mehr Unternehmen berücksichtigen eine nachhaltige Unternehmenspolitik und integrieren sie in ihre Geschäftsstrategie. Im Rahmen des Controllings müssen die relevanten Faktoren kontinuierlich überprüft werden.

Corporate Citizenship oder auch Corporate Social Responsibility (CSR) stehen für bürgerschaftliches Engagement und soziale Verantwortung der Firmen. Damit sind langfristig ausgerichtete gesellschaftliche Aktivitäten, die im Sinne der Geschäftsstrategie in Ziele umgesetzt werden, gemeint.
Die Kontrolle wird auch durch die breite Einführung der Balanced Scorecard als Controlling-Werkzeug, die neben den harten quantitativen Faktoren auch weiche qualitative überwacht, unterstützt.
Aber die Tendenz zu nachhaltiger Unternehmenspolitik ist nicht nur markt- und

imagegetrieben, sondern erfährt auch durch das Basel II-Rating Unterstützung, da dieses auch weiche Faktoren in seinem Rating berücksichtigt und somit durch die Nachhaltigkeit auch der Kreditzins positiv beeinflusst werden kann.

Viele Unternehmen sind sich ihrer sozialen Verantwortung bewusst und integrieren sie ins Controlling

Der kostenmäßige Abwertungswettlauf (auch als "race to the bottom" bezeichnet), bei dem alles zu einem Kostenfaktor wird, nämlich die Löhne, die Sozialnormen und die Arbeitsstandards, führt zu der Frage, wo die soziale Verantwortung der Unternehmen bleibt. Haben die Unternehmen eine soziale Verantwortung oder besteht ihr Zweck einzig in der Gewinnmaximierung?
Nur eine Minderheit der deutschen Unternehmen ist einseitig gewinnfixiert, denn im Schnitt der vergangenen Jahre erzielten die Unternehmen eine Umsatzrendite nach Steuern zwischen 1,5 und 2,5 Prozent. Sogar bei den meisten Banken bekäme man für angelegtes Geld mehr. Da das Gros der Unternehmen (84 Prozent) sich in der Hand von Familien befindet, bewegt sich deren

Planungshorizont über das nächste Quartal hinaus. Für sie bedeuten Markt und Moral nicht notwendigerweise Gegensätze.
Sogar Großkonzerne haben die Erfahrung gemacht, dass das Beherzigen von Grundwerten keineswegs schadet. (2)
So verpflichten Großkonzerne ihre Partnerbetriebe in der Dritten Welt zu normgerechtem Handeln nach vorgegebenen Standards, die sich an Nachhaltigkeit orientieren.
Die Überwachung der Einhaltung der Normen durch Partnerbetriebe bietet natürlich keine Gewähr für ein Wohlverhalten aller Betriebe, dennoch erwartet man sich von den kontinuierlichen Kontrollen einen Abschreckungseffekt. Allerdings werden diese Konzerne nicht von rein fürsorglichen Motiven getriggert, sondern durch die Erfahrung, dass Zulieferer, die sich im Rahmen der Normen verhalten auch jene sind, die verlässlich arbeiten. Darüber hinaus spielt es für viele Kunden bei der Kaufentscheidung eine wichtige Rolle, dass die Produkte mit gutem Gewissen gekauft werden können. (2)

Außerdem haben viele Konzerne in Zeiten der Globalisierung erfahren müssen, dass sie nicht nur mächtiger werden, sondern auch verwundbarer. So musste Shell die geplante Versenkung der Bohrinsel Brent Spar stoppen, Nestlé nahm den Genfood-Snack

"Butterfinger" vom deutschen Markt. Solche Aktionen schaden dem Image und dem Geschäft. Ein wichtiger zu beachtender Faktor ist aber, dass Kunden kaum bereit sind, für besonders soziales Verhalten der Unternehmen zusätzliches Geld auszugeben. So liegt der Marktanteil von fair gehandeltem Kaffee bei unter einem Prozent. (2) Die "Guten" werden bei nachhaltigen Maßnahmen zwar nicht immer belohnt, die "Schlechten" werden aber immer bestraft. (6)

Auch Investmentfonds spezialisieren sich auf nachhaltige Unternehmen aufgrund deren außerordentlicher Performance

Der Fokus hat sich in der jüngeren Vergangenheit im Rahmen der Investmentphilosophie vieler Anleger verschoben. So sind Punkte wie
- Ethisches Investment
- Ökologisches Investment
- Social Responsibility Investment (SRI)
- Nachhaltiges Investment

Begriffe, die sich in den Mittelpunkt geschoben haben. (1)
Inzwischen gibt es in der Investmentbranche neben

reinen Umweltfonds und ethischen Fonds auch Fonds, die in nachhaltige Investments und damit ein "Best in Class" und eben nicht rein in bestimmte Themen oder regional und/oder global in bestimmte Branchen unter Berücksichtigung von Negativklauseln investieren. (1)

Die Bedeutung des SRI-Marktes wird auch unterstrichen durch zahlreiche empirische Studien, die sich mit der Analyse des Zusammenhangs von finanzieller Performance und Corporate Social Responsibility (CSR) beschäftigen. So werden häufig bereits positive Korrelationen festgestellt. (1)
Die sogenannte "triple bottom line" untersucht hierbei das Konzept der Nachhaltigkeit in ökonomischen, ökologischen und sozialen Aspekten. (1)

Es gibt, unabhängig von der spezifischen Definition der Nachhaltigkeit, einen Konsens über die Vorstellung von nachhaltigen Geldanlagen. Die Geldanlage wird nicht einseitig nur nach ökonomischen Aspekten bewertet, sondern nach anlegerseitig vertretenen sozialen und ökologischen Prinzipien. So sollen nicht nur Investments in bestimmte Unternehmen vermieden werden, sondern die Firmenleitungen auch bestärkt werden, bestimmte Normen einzuhalten. (4)
Bisher ist die Transparenz der Rating-Faktoren in

Bezug auf Nachhaltigkeit noch gering. Die Auswahl der jeweiligen Bewertungskriterien wie z. B. höchst zulässige Arbeitsunfälle pro Jahr oder mindestens zu erfüllende Frauenquote im Personalbereich sind für Außenstehende kaum nachvollziehbar. (5) Inzwischen hat Oekom Research einen auf wissenschaftlicher Basis entwickelten Katalog ethischer Kriterien des Unternehmensverhaltens für ein CSR-Rating entwickelt. (5) Es werden 800 Kriterien aus den Bereichen Kultur, Natur und soziales erfasst. Und für ein CSR-Rating auf 200 Faktoren aggregiert. (5)
Daraufhin zeigt auch der zunehmende Wettbewerb erste erkennbare Anzeichen eines Wandels der Geschäftsmodelle. (5) Hierbei spielt sicher auch die inzwischen nahezu flächendeckende Verbreitung der Balanced Scorecard, die neben harten ökonomischen Faktoren auch weiche Faktoren analysiert, ihre Wirkung. Aber auch im Zuge der Basel II-Ratings durch Banken, die auch nicht nur auf harten Faktoren basieren, sind Unternehmen gehalten, "nachhaltige" Faktoren in ihre Unternehmensstrategie und das entsprechende Controlling zu integrieren.

Bisher tauchen in Nachhaltigkeits-Ratings insbesondere börsennotierte Großunternehmen auf, also international operierende Konglomerate. Die Unternehmen, die 2004 am häufigsten in internationalen Nachhaltigkeits-Fonds auftauchten waren Astra Zeneca, Vodafone und Pfizer. In der Liste der 20 Sustainability Leader war kein deutsches Unternehmen zu finden. (4)

Aber gerade im deutschen Mittelstand, das über solche Aktienfonds häufig nicht erreichbar ist, werden tagtäglich wichtige Beiträge zur Unternehmensnachhaltigkeit und Corporate Citizenship geleistet. (4)
Insbesondere im Bereich ihrer sozialen und/oder ökologischen Politik zählen diese Unternehmen zur internationalen Führungsriege, was auch an den rigiden Umweltauflagen seit den siebziger Jahren liegen mag. Aber auch aus Sicht vieler Gewerkschaftsvertreter haben deutsche Unternehmen Top-Leistungen vorzuweisen in den Bereichen Mitbestimmungs- und Betriebsverfassungsgesetz. (4)

Die gewissenhafte Planung nachhaltiger, zum Unternehmen passender Maßnahmen ist von großer Bedeutung

Bei nachhaltigen Maßnahmen muss von den

Unternehmen aber auch beachtet werden, dass sie zum Unternehmen wie auch seinem Image passen. (7)

Unternehmer, die Gutes tun wollen, verzetteln sich häufig in der Planung der entsprechenden Aktivitäten und Programme. Die folgenden Schritte führen zu Gewinn bringender Corporate Citizenship:

- Ziele definieren

, um nicht unnötig Ressourcen zu vergeuden

- Partner suchen

, mit denen gleichberechtigt und vertrauensvoll an der Umsetzung der Ziele zusammengearbeitet wird

- Projekt umsetzen

mit genauer Klärung, wer in dem Projekt wann was leisten soll

- Bilanz ziehen

zu jeweils festgelegten Zeitpunkten durch ein

entsprechend aufgestelltes und organisiertes Controlling anhand geeigneter Messgrößen

Fallbeispiele

Neben anderen Autoren und Instituten hat Oekom Research festgestellt, dass Unternehmen, die ein hohes CSR-Rating aufweisen gegenüber denen mit einem niedrigen eine deutliche Outperformance aufweisen. (1)

Unternehmen, die im CSR-relevanten DJSI Stoxx notiert werden, haben in den für die Kapitalmärkte schwierigen Jahren 2001 und 2002 eine deutlich bessere Performance und signifikant geringere Streuungen der täglichen Renditen erwirtschaftet, als die Unternehmen, die in traditionellen Indizes bewertet werden. (1)

Adidas hat alle seine Geschäftspartner zur Einhaltung von Standards verpflichtet. Die 835 Zulieferer müssen sich z. B. der Norm unterwerfen, dass kein Beschäftigter länger als 60 Stunden in der Woche arbeiten darf. Zur Einhaltung dieser Normen wurden im vergangenen Jahr alleine in China 53 Betriebe kontrolliert, von denen zwei eine erste und fünf eine zweite Verwarnung erhielten. Eine dritte

Verwarnung würde das Ende der Geschäftsbeziehungen nach sich ziehen. (2)

Der Handelskonzern Otto hat eine eigene Firma gegründet, die die Partnerbetriebe bei der Einführung und Einhaltung von solchen Normen unterstützt. (2)

Der Uno-Generalsektretär Kofi Annan startete vor fünf Jahren eine Aktion, die Corporate Social Responsibility zu stärken. Rund 2 000 Unternehmen, unter ihnen DaimlerChrysler, Bayer und VW sind diesem "Global Compact" beigetreten. Alle beigetretenen Unternehmen verpflichten sich, zehn Prinzipien einzuhalten. Dazu gehören unter anderem: Abschaffung von Kinderarbeit und Recht auf kollektive Tarifverhandlungen.
Allerdings ist anzumerken, dass die Teilnahme wie auch die Einhaltung der Normen freiwillig geschieht und nicht mit irgendwelchen Sanktionen belegt ist, sofern Verstöße stattfinden. Die Unternehmen, die sich an dieser Aktion beteiligen sind außerdem vor allem die Großkonzerne, die ihre Beschäftigten in der Dritten Welt ohnehin fair behandeln, gut bezahlen und sich bemühen, dass auch ihre Geschäftspartner entsprechend agieren. (2)

Seit Anfang Mai dieses Jahres kommen die Fischstäbchen der Firma Iglo nicht nur lecker, sondern auch politisch korrekt auf den Mittagstisch.

Der verwendete Seefisch kommt künftig nur aus "bestandserhaltender Fischerei". Damit demonstriert Unilever dass ihnen Umwelt oder Kultur nicht egal ist. Die strategische Entscheidung kostet zwar Geld, da der Aufwand für den Fang dieser Fische deutlich höher ist, hat aber zum einen weitreichende Folgen für die Markenführung wie aber auch die langfristige Sicherung des Geschäftserfolgs, da nur mit einem solchen Vorgehen sichergestellt werden kann, das auch in zehn Jahren noch genug Fische zur Produktion der Fischstäbchen vorhanden sind. (6)

Aber nicht alle Unternehmen haben mit ihren ökologischen Initiativen gute Erfahrungen gemacht. So hat der Tiefkühlhersteller Frosta im Jahre 2003 beschlossen, "nur noch Natur" in die Gerichte zu verpacken. Gleichzeitig wurden die daraus resultierenden höheren Kosten aber auf die Endverbraucherpreise umgelegt was zu einem dramatischen Umsatzeinbruch von 40 Prozent führte und das trotz verdoppelter Werbeausgaben. Die Kluft zwischen Strategie und Marketing wurde einfach nicht überwunden. (6)

Faber-Castell hat in Brasilien eine Fabrik errichtet, die jährlich 1,5 Milliarden Holzstifte fertigt und damit die größte ihrer Art in der Welt ist. Holz wurde immer teurer. Um sich von den Rohstoffpreise des Weltmarktes unabhängig zu machen und außerdem

einen nachhaltigen Ansatz zu bieten, wird von Faber-Castell seit Mitte der achtziger Jahre ein riesiges Aufforstprogramm unterstützt, in dem auf 10 000 ha Land nach hohen Umweltstandards pro Jahr eine Million Pinien-Setzlinge gepflanzt werden. Das aufwendige Aufforstprogramm trägt insofern Früchte, als dass diese Pflanzen rund 45 Prozent mehr Holz erzeugen.
Zusätzlich bietet Faber-Castell seinen Mitarbeitern in Brasilien ein kostenloses Alphabetisierungs- und Weiterbildungsprogramm an. (7)

Weiterführende Literatur

(1) Nachhaltigkeit und finanzielle Performance: ausgewählte Indizes und Unternehmen im empirischen Vergleich
aus Zeitschrift für das gesamte Kreditwesen 11 vom 01.06.2005 Seite 576

(2) Die Zähmung des Monsters
aus Der Spiegel, 04.07.2005, Nr. 27, Seite 108

(3) Die Industrienationen leben über ihre Verhältnisse Umweltbilanz: Hätten alle Menschen einen Ressourcenverbrauch wie wir Österreicher, wäre die Erde zweimal notwendig
aus WirtschaftsBlatt, 01.07.2005, Nr. 2397, S. 36

(4) Schäfer, Henry, Wie nachhaltig ist die nachhaltige

Geldanlage in Deutschland, Zeitschrift für das gesamte Kreditwesen 11, 01.06.2005, S. 558
aus WirtschaftsBlatt, 01.07.2005, Nr. 2397, S. 36

(5) Wie nachhaltig ist die nachhaltige Geldanlage in Deutschland
aus Zeitschrift für das gesamte Kreditwesen 11 vom 01.06.2005 Seite 558

(6) CSR-Rating: Investoren und Unternehmen Ökonomisches Bindeglied zwischen Ökonomisches Bindeglied zwischen Investoren und Unternehmen
aus RATING aktuell, Heft 03/2005, S. 52-57

(7) Das Unternehmen als guter Staatsbürger
aus HORIZONT 19 vom 12.05.2005 Seite 052

Impressum

Nachhaltigkeit und Controlling - Unternehmen entdecken den Nutzen nachhaltiger Unternehmenspolititk und integrieren sie ins Controlling

Bibliografische Information der deutschen Nationalbibliothek

Die Deutsche Nationalbibliothek verzeichnet diese Publikation in der deutschen Nationalbibliografie; detaillierte bibliografische Daten sind im Internet über http://dnb.d-nb.de abrufbar.

ISBN: 978-3-7379-0023-2

© 2015 GBI-Genios Deutsche Wirtschaftsdatenbank GmbH, Freischützstraße 96, 81927 München, www.genios.de

Alle Rechte vorbehalten. Dieses Werk ist einschließlich aller seiner Teile – z.B. Texte, Tabellen und Grafiken - urheberrechtlich geschützt. Jede Verwertung außerhalb der Grenzen des Urheberrechtsgesetzes bedarf der vorherigen

Zustimmung des Verlags. Dies gilt insbesondere auch für auszugsweise Nachdrucke, fotomechanische Vervielfältigungen (Fotokopie/Mikroskopie), Übersetzungen, Auswertungen durch Datenbanken oder ähnliche Einrichtungen und die Einspeicherung und Verarbeitung in elektronischen Systemen.